Barbara »BJ« Hateley

Von Pfauen und Pinguinen

Barbara »BJ« Hateley
Warren H. Schmidt

Von Pfauen und Pinguinen

Eine Fabel über Frackzwang und Phantasie

Mit Illustrationen von Sam Weiss
Aus dem Amerikanischen
von Andrea Kraus

Knaur®

Dieses Buch wurde auf chlor- und säurefreiem Papier gedruckt.

Deutsche Erstausgabe Oktober 1996

Titel der Originalausgabe: »A Peacock in the Land of Penguins«

Originalverlag: Berrett-Koehler, San Francisco
Einbandgestaltung: Marion Ernst und Siegfried Schiller, München
Satz: Ventura Publisher im Verlag
Druck und Bindung: Franz Spiegel Buch GmbH, Ulm
Printed in Germany
ISBN 3-426-82095-1

5 4 3 2 1

Wir widmen dieses Buch all jenen,
die sich nach Freiheit
und persönlicher Entfaltung sehnen –
und all jenen, die die Weisheit haben,
von der Andersartigkeit
ihrer Mitmenschen zu lernen.

Vorwort

Von Zeit zu Zeit taucht ein Büchlein auf, das sich auf einfache und elegante Art eines großen Themas annimmt. »Von Pfauen und Pinguine« ist so ein Buch.

Amüsant öffnet diese Fabel neue Einblicke in das vieldiskutierte Thema der Verschiedenartigkeit am Arbeitsplatz. Sie zeigt uns die Stolpersteine, wenn wir uns frei und couragiert in einer Umwelt bewegen wollen, die von Geschäftsführern und Managern und deren gänzlich abweichendem Weltbild bestimmt wird.

Dies ist die Geschichte vom Pfau Perry, einem gescheiten, talentierten und farbenprächtigen Vogel, der ins Land der Pinguine kommt. Doch das Betriebsklima bei den Pinguinen ist formell und bürokratisch und wird von einer Unzahl von geschriebenen und ungeschriebenen Gesetzen geregelt. In diesem eisigen Klima stößt Perry schon bald auf Schwierigkeiten, denn obwohl die Pinguine sein Talent anerkennen, bereitet ihnen sein abweichendes und unkonventionelles Auftreten Unbehagen. Wie ihm ergeht es den »bunten Vögeln« in vielen Unternehmen von heute. Zwar singt man in Seminaren und in den Konferenzräumen der Geschäfts-, Regierungs-, Bildungs- und Religionsinstitutionen das Lob der Vielfalt, doch die schönen Worte stimmen nicht immer mit den Tatsachen überein.

»Anders« zu sein bedeutet viel mehr als nur die Differenz in

Rasse oder Geschlecht. Andersartigkeit in seiner vollen Bedeutung bezieht ein breites Spektrum der menschlichen Besonderheiten mit ein: die Persönlichkeit, den Arbeitsstil, das Empfindungsvermögen und die Einstellung, die Wertvorstellungen und den Lebensstil, die Arbeitsmoral, die Weltanschauung, den Kommunikationsstil und vieles mehr. Verschiedenartigkeit anzuerkennen, bedeutet Menschen um ihrer selbst willen zu schätzen und sie zu ermutigen, sich so zu geben, wie sie sind. Es bedeutet auch, ihnen bei der vollen Entfaltung ihrer Kräfte zu helfen und ihre ganz speziellen Talente, Fähigkeiten, Ideen und ihre Kreativität zu nutzen.

Diese erfrischende Fabel über das Leben in einem Unternehmen erzählt – basierend auf menschlichen Erfahrungen – die Abenteuer vom Pfau Perry und anderen exotischen Vögeln, wie sie versuchen, im Land der Pinguine ihren Weg zu gehen. Ihre Geschichte ist amüsant und lehrreich zugleich. Sie berichtet von den Gefahren und Chancen, »anders« zu sein in einer Welt, die großen Wert auf Komfort, Sicherheit und die Berechenbarkeit der Konformität legt.

Alle, die in die Funktionen eines Unternehmens eingebunden sind – Führungskräfte, Leute aus der Personalabteilung, Manager, Inspektoren und Angestellte – sollten dieses Büchlein lesen. Es eröffnet uns allen wichtige Perspektiven!

Ken Blanchard

Es war einmal
in nicht zu ferner Vergangenheit,
daß Pinguine vieler Länder
im Ozean der Unternehmen regierten.

Diese Pinguine waren nicht immer
weise,
sie waren auch nicht immer beliebt,
aber sie waren immer an der Macht.

Die meisten Unternehmen glichen
sich wie ein Ei dem anderen:

Bosse und Manager
trugen ihre prägnanten Pinguinfräcke,
während die Farben und das Outfit
der Arbeitsvögel aller Art
ihre Beschäftigung
und ihren Lebensstil widerspiegelten.

Vögeln, die in ihren Unternehmen
auf eine Karriere aus waren,
war es angeraten,
sich so pinguinähnlich wie möglich zu
geben,
ihre Schrittlänge zu kürzen,
ihr Tippeln zu erlernen,
Pinguinfräcke zu tragen
und dem Beispiel ihrer Chefs
zu folgen.

Personal-
schulungs-
abteilungen
boten
intensive
Trainings-
programme
für
pinguinhaftes
Verhalten an.

Die Regeln
und Normen
waren vom
Tag eins an klar.

Die Pinguine gaben in subtiler (und weniger subtiler) Form Anweisungen:

»So läuft das hier bei uns.«

»Wenn ihr erfolgreich sein wollt, werdet wie wir.«

Einige Vögel,
die in der Hackordnung
weiter aufsteigen wollten,
wurden bald wahre Meister darin,
sich den Pinguin-Look und
das Pinguin-Verhalten anzueignen.

Doch selbst *sie*
mußten erkennen,
daß sie es nie ganz
in die Schlüsselpositionen schafften.

Und so nahmen alle an,
daß Pinguine
die geborenen Führer seien –
ordentlich, loyal und fair als Chefs.

Pinguinen konnte man vertrauen,
daß sie
die Interessen des Unternehmens
vor
persönliche und familiäre Belange stellten.

Von den anderen Vögeln
nahm man an,
daß sie viel flatterhafter
und weniger zuverlässig wären.

Natürlich
wurde das niemals
laut erwähnt
oder schriftlich vermerkt.

Wie jedes Unternehmen für sich
wollten auch die Pinguine als faire Partner
angesehen werden,
die Talent,
vollen Einsatz
und Selbstaufgabe zu würdigen wissen.

Aber jedem war eigentlich sonnenklar –
die Pinguine
hatten schon immer das Sagen,
und
die Pinguine würden immer das Sagen
haben.

Die älteren Pinguine würden
die jüngeren Pinguine
unter ihre Fittiche nehmen
und sie auf den Weg zum Erfolg vorbereiten.

Sie würden sie
zum Golfspielen
und zum Joggen einladen.

Sie würden
im Speisesaal der Führungskräfte zusammensitzen
und über Sport plaudern.

Es war jedem klar,
wer die wichtigen Pinguine waren.

Außerdem war klar,
daß sich die Pinguine
untereinander
am wohlsten fühlten.

Das Leben im Land der Pinguine
war voller Harmonie,
solange sich jeder
an die Regeln hielt.

Die anderen Vögel
im Unternehmen wußten,
wie sie sich zu benehmen hatten,
damit sich die Pinguine
wohl und sicher
fühlen konnten.

Doch dann kam eine Zeit,
in der sich im Land der Pinguine
einiges allmählich zu verändern begann …

Die älteren Pinguine begannen,
in andere Länder zu reisen,
in denen sie interessante Vögel entdeckten,
welche die Pinguine mit
ihrem Managementtalent,
mit ihrer Erfahrung
und ihren Errungenschaften beeindruckten.

»Diese Vögel sind zwar keine Pinguine«,
dachten sich die Älteren,
»aber vielleicht
könnten auch sie zu Pinguinen werden,
wenn wir sie in unser Land holten
und sie nach Pinguin-Manier
trainierten.

Sicherlich
könnten diese beeindruckenden und
ungewöhnlichen Vögel
sich an das Leben
im Land der Pinguine anpassen,
und das Talent,
das sie mitbrächten,
würde uns sogar
noch erfolgreicher machen.

Doch unser Klima ist anders –
eisig und kalt.
Und unsere Landschaft ist einzigartig –
eisbedeckt und öde.

Aber wir haben uns dort doch prächtig entwickelt,
vielleicht gelingt es
auch diesen neuen Vögeln.

Wenn sie so clever sind,
wie es scheint,
können sie sich
an unser Wetter und unsere Sitten anpassen.«

Und so geschah es,
daß Perry, der Pfau,
ins Land der Pinguine kam …

Klar war jedenfalls,
daß Perry kein Pinguin war.

Eigentlich
war er genau das Gegenteil von Pinguinität –

Perry war ein Pfau –
ein schillernder, farbenprächtiger und
geräuschvoller Vogel.

Perry war ein schwer talentierter Pfau,
in seiner Heimat
hatte er eindrucksvolle Leistungen
vollbracht.

Er konnte gut schreiben
und war ein wahrer Meister im Budgetieren.
Er war kreativ und ideenreich,
gleichzeitig
praktisch veranlagt und vernünftig.

Er hatte viele Freunde und Bewunderer
in seinem eigenen Land,
er war sehr beliebt und gern gesehen.

Die Chef-Manager
im Land der Pinguine
waren fasziniert,
als ihnen Perry, der Pfau, vorgestellt wurde.

Sie wußten, daß er anders war –
aber sie waren beeindruckt
von dem, was er im Laufe seiner Karriere
erreicht hatte,
und betört
von den Möglichkeiten,
die er ihnen eröffnete.

Perry wiederum
fühlte sich sehr zu den Pinguinen hingezogen,
da er gar wunderbare Dinge über ihr Land
gehört und gelesen hatte –
die Verheißung von Ansehen
und Reichtum,
und das Gefühl,
einem großen und mächtigen Unternehmen anzugehören.

Es war ein reiches Land –
und alle Vögel
wurden fürstlich entlohnt.

»Meine Zukunft in diesem neuen Land«,
so dachte er,
»wird noch glänzender sein.«

Und so einigten sich
die Pinguine
und der Pfau.

Er würde sich ihnen anschließen,
und zusammen
würden sie großartige Leistungen
vollbringen.

Anfangs waren alle begeistert.

Die Pinguine waren sehr angetan
und beeindruckt
von ihrer Neuerwerbung.

Er hob sich
von der Menge ab,
indem er bunt schillerte
und hier und da sein
farbenprächtiges Kostüm zur Schau stellte.

Und auch Perry war angetan
vom Besonderen
und Neuen.

Er war von den Pinguinen
beeindruckt –
sie schienen so bedeutend
in ihren schwarz-weißen Anzügen,
besonders,
wenn sie sich zu Konferenzen
und speziellen Anlässen versammelten.

Ihre Förmlichkeit und ihr Gehabe
unterschied sich so sehr
von all dem,
was er jemals zuvor
gesehen oder
erlebt hatte.

Anfangs war
der Pfau
darauf bedacht,
nicht zu sehr seine
Farbenpracht zu entfalten.

Denn schon in seiner Heimat
hatten ihm einige seiner Freunde
Vorsicht angeraten.

Sie warnten Perry
vor den Gesetzen
und der Art und Weise,
in der die Pinguine
ihr Land regierten.

Und so blieb er
die meiste Zeit bescheiden,
und nur manchmal
schlug er ein volles Rad,
um die Pinguine
mit seinem Talent und
seiner ganzen Pracht zu über-
raschen.

Er wollte
ernst genommen werden,
und er wollte erfolgreich sein.

So hielt er
seine eigene Natur
für eine Weile
im Zaum,
bis er sicher sein konnte,
daß ihn die Pinguine
völlig akzeptiert hatten.

Er vertraute darauf,
daß sie ihn,
bei Vorlage guter Ergebnisse,
vollkommen annehmen würden –
in seiner ganzen Pfauenpracht –
und er sich dann entspannen
und einfach nur er selbst sein könnte.

Denn in dem Land, in dem er aufgewachsen war,
im Land des Lernens,
war alles ganz anders.

Im Land des Lernens
gab es eine MENGE verschiedenartigster Vögel.

Es gab weise Vögel (die Eulen)
und mächtige Vögel (die Adler),
und es gab jagende Vögel (die Falken)
und exotische Vögel (die Strauße),
elegante Vögel (die Schwäne)
und schwerfällige Vögel (die Albatrosse).

Es war voller Leben und laut,
erfüllt von hektischem Treiben und
dem bunten Durcheinander
des Wettbewerbs.

Die Vögel mußten hart arbeiten,
schnell lernen und
ihren Verstand
wie ihre Kreativität einsetzen,
um erfolgreich zu sein.

Es herrschte ein anregendes,
aber rauhes Klima!

Das Motto im Land des Lernens lautete:

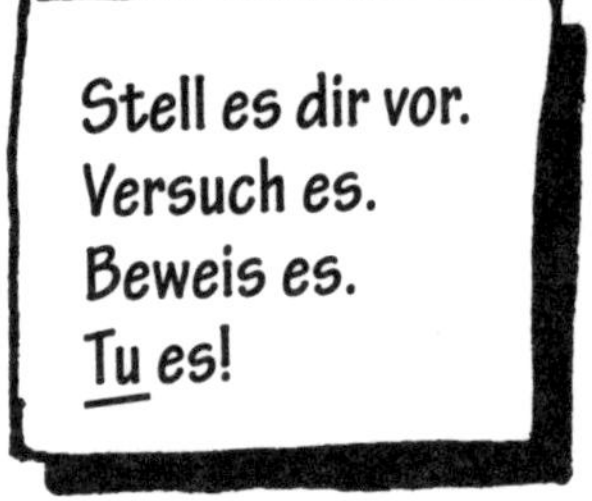

Alle Vögel
arbeiteten hart,
um sich ihren Platz an
der Sonne zu verdienen.

Im Land des Lernens
ging es unter den Vögeln
nicht immer friedlich zu.

Manchmal gab es
Konflikte und Differenzen,
Kämpfe und Reibereien.

Konflikte und Differenzen
wurden jedoch geschätzt,
denn die Vögel brachten so
neue Ideen auf den Prüfstand.

Diskussionen,
Debatten
und Streitgespräche dienten dazu,
Veränderungen herbeizuführen
und dem Fortschritt den Weg zu ebnen.

Es spielte keine Rolle,
ob man ein Pinguin oder ein Pfau,
eine Taube oder ein Blauhäher war.

Klug,
talentiert
und produktiv zu sein
war alles, was zählte.

Initiative,
Kreativität
und gute Resultate
wurden überaus großzügig belohnt.

All das, was in einem war
und was man beitrug,
zählte –
und nicht die Art oder die Farbe
des Federkleides.

Perry, der Pfau, jedoch
freute sich auf
Herausforderungen verschiedenster Art,
als er das Land des Lernens
verließ und in das
der Pinguine kam,
um dort zu arbeiten.

Er war daran gewöhnt, sein Bestes zu geben,
seine Ideen zu verteidigen
und sich mit den unterschiedlichsten
Vögeln zu messen.
Aber nichts in seiner Vergangenheit
hatte ihn auf die
speziellen Sitten und Gebräuche
im Land der Pinguine vorbereitet.

Er wollte nur seine Arbeit gut machen
und erfolgreich sein.

Und er fühlte sich geschmeichelt,
in die Reihen dieser
mächtigen und angesehenen Pinguine
aufgenommen worden zu sein,
und er wollte ihnen dienen.

Er bemühte sich,
den Pinguin-Gang,
ihre Sprache
und ihren Stil zu erlernen.

»Wie seltsam«,
dachte er,
»die gleichen sich ja wie ein Ei dem anderen.«
Das fand er faszinierend
und verwirrend zugleich.

Doch mit der Zeit begannen
seine Schwierigkeiten …

Einige Pinguine begannen,
ihren Unmut zu äußern,
seine Pfauenstimme
sei zu laut.

Die Pinguine sprachen nämlich
mit sehr modulierter und
gedämpfter Stimme,
und das Lachen des Pfaus,
seine aufgeregten Ausrufe
widersprachen ihren Konventionen.

Je mehr Erfolg er hatte
und je großartiger seine Leistungen wurden,
desto öfter schlug er ein Rad.

Jeder gab zu,
daß er sehr talentiert
und fleißig war,
und alle waren von den Resultaten
seiner Arbeit beeindruckt.

Aber seine auffällige und farbenprächtige Erscheinung
rief bei
einigen älteren Pinguinen
Unbehagen hervor.

Viele der anderen Pinguine
im Land
dagegen waren sehr angetan
von diesem neuen und außergewöhnlichen
Vogel in ihrer Mitte.

Sie nannten ihn
»frischer Wind«
und begrüßten seine
Überschwenglichkeit.

Einige der jüngeren Pinguine
fragten sich insgeheim,
wie lange er sich
im Land der Pinguine wohl halten könne.
Sie sahen,
wie unpinguinhaft er war,
und fragten sich,
wie lange das die Älteren tolerierten.

Ein paar der älteren Pinguine versuchten,
ihn unter ihre Fittiche zu nehmen
und ihn anzupassen.

»Schau«, sagten sie,
»wir schätzen deine Arbeit,
aber einige der Älteren
können mit deinem Stil nichts anfangen.

Du mußt dich verändern, um hier akzeptiert zu werden.

Warum ziehst du keinen Pinguinfrack an,
um uns ähnlicher zu werden?«

»Er paßt nicht«,
antwortete Perry, der Pfau.

»Er ist zu eng und zwickt überall.
Meine Schwanzfedern würden zerdrückt
und meine Flügel wären nicht frei bewegbar.

*Ich kann nicht arbeiten, wenn ich mich nicht
wohl fühle.«*

Die Älteren sagten:
»Nun,
vielleicht könntest du zumindest
deine Federn schwarz-weiß anmalen,
damit sie so aussehen wie unsere.

Dann würdest du dich wenigstens
nicht mehr
so sehr von uns unterscheiden.«

»Was ist so falsch daran, wie ich bin?«
fragte Perry.

Er fühlte sich verletzt und verwirrt.

»Ich arbeite hart,
ich erbringe exzellente Leistungen –
das sagt jeder.

Warum schaut ihr mehr auf meine Federn
als auf meine Arbeit?

Sind meine Leistungen denn
weniger wichtig
als mein Äußeres?«

»Es handelt sich nur um eine Kleinigkeit«,
antworteten die Pinguine.

»Du bist klug und begabt.
Du könntest hier eine große Zukunft haben.
Du mußt dich nur ein bißchen mehr
wie wir benehmen,
und dann
werden die Älteren zufrieden sein.

Du mußt nur einen Pinguinfrack tragen,
deine Stimme abschwächen
und deine Schritte kleiner machen.

Schau einfach den anderen Pinguinen zu,
siehst du, wie sie sich verhalten?

Versuche, wie wir zu sein.«

Perry glaubte,
daß sie es gut mit ihm meinten,
dennoch kränkten ihn ihre Worte.

»Warum kann ich nicht einfach so sein, wie ich bin?
Warum muß ich mich verändern,
um von euch angenommen zu werden?«
fragte er.

»So läuft das hier nun einmal«, antworteten die Pinguine achselzuckend.

»Im Ozean der Unternehmen ist es überall so.«

Er hatte den Verdacht, daß sie recht
haben könnten,
aber tief in seinem Herzen wollte er es
nicht akzeptieren.

Er bedankte sich
für ihre Ratschläge
und ihre Bemühungen,
und er ging zurück zu seinem Nest,
um alles zu überdenken.

In den nächsten Monaten
sprach er mit einigen Freunden
über seine Sorgen.

Darunter waren auch ein paar neue Vögel,
die ungefähr zur selben Zeit
im Land der Pinguine zu arbeiten begonnen hatten
wie Perry, der Pfau.

Viele von ihnen
hatten ähnliche
Probleme …

Edward, der Adler,
beklagte sich,
daß auch er den Druck verspüre,
sich ändern zu müssen.

Er war klug, kräftig
und sehr begabt für seine Arbeit.
Und er trug sogar den gewünschten Pinguinfrack.

Doch Edward sprach weder wie ein Pinguin,
noch benahm er sich so,
und das störte die Älteren.

Sie mokierten sich
über seinen Akzent
und schickten ihn deshalb
auf eine renommierte, traditionsreiche
Managerschule im Osten,
um ihn an einem speziellen Training für
Pinguin-Führungskräfte
teilnehmen zu lassen.

Doch es war alles umsonst –
er war und blieb ein Adler im Pinguinfrack.

Er konnte sein wahres Ich nicht ändern.

Auch Helen, die Falkendame,
hatte ähnliche Probleme.

Sie war schön und stark,
gerissen, scharfsichtig und aggressiv.
In ihr steckte eine begabte Jägerin
mit ausgeprägten Kämpferinstinkten.

Sie trug zwar ihren Pinguinfrack
gelegentlich etwas bunter
als ihre männlichen Pinguin-Kollegen,
aber doch einigermaßen passabel.

Helen versuchte,
sich dem Stil der Pinguine anzupassen,
doch ihre falkenhafte Natur
brach immer wieder durch.

Ihre Krallen waren scharf,
ihre Blicke durchdringend,
ihr Verhalten zielsicher,
ihre Jagdinstinkte immer
in höchster Bereitschaft.

Und ihre aggressive Art
bereitete den Älteren Fracksausen.

Dasselbe galt für
Mike, die Spottdrossel.

Er war ein außergewöhnlich schillernder Vogel –
kreativ,
einfallsreich,
impulsiv.
Er sprühte vor Ideen.

Er flog schnell,
arbeitete hart,
war einmal hier, einmal dort,
um überall im Land der Pinguine
Gutes zu säen.

Doch Mike fand bald heraus,
daß Pinguine Gebietsansprüche haben,
ihre Kolonien gründen,
ihre Hackordnung einführen
und jeden aufs schärfste zurückweisen,
der ungebeten
ihr Territorium betritt.

Da Mike kein Pinguin war,
hatte er kein Gespür
für die Mentalität und die Besitzansprüche
der älteren Pinguine.

Mit seiner Vorliebe für Kreativität
und außergewöhnliche Ideen
beleidigte er manchmal
seine Vorgesetzten,
indem er Grenzen überflog.

Sie fühlten sich bedroht und
ärgerten sich
über seine Einmischung.

Wic Edward, der Adler,
und Helen, die Falkendame,
trug auch Mike seinen Pinguinfrack
und gab sein Bestes,
um die Art der Pinguine zu erlernen
und von ihnen akzeptiert zu werden.

Doch auch ihm gelang es letztlich nicht,
sein wahres Ich zu verleugnen.

Mit Sara, der Schwänin,
verhielt es sich ebenso.

Sie war eine optimistische Träumerin,
mit erstaunlichen
Zukunftsvisionen
für das Land der Pinguine.

Sie hatte interessante Ideen,
ungewöhnliche Ideen,
gute Ideen.

Doch da sie für ihre Einfälle
in so sanfter Manier warb,
wurden sie oft nicht gehört.

Ihr Stil war würdevoll,
ihre Bewegungen graziös,
doch die Pinguine
hatten Zweifel
an ihrer Belastbarkeit
und Stärke.

Es gab noch viele andere exotische Vögel …

Sie alle hatten eines gemeinsam:
Keiner von ihnen
war im Land der Pinguine
aufgewachsen.

Sie wurden
von anderen Orten
angeworben und dann eingestellt.

Die Pinguin-Älteren
hatten die Außenseiter gelockt:

»Wir wollen eure frischen Gedanken
und eure neuen Ideen.
Wir bewundern eure Karriere
und möchten,
daß ihr große Dinge für uns vollbringt.«

Doch sobald die neuen Vögel
im Unternehmen waren,
verpaßten ihnen die Vorgesetzten
Pinguinfräcke
und setzten sie unter Druck:
Sie mußten immer pinguinähnlicher
reden,
handeln
und denken.

Die Pinguine sagten:
»Wir schätzen die Vielfalt.«

Aber ihr Handeln bewies das Gegenteil.

Als die neuen, exotischen Vögel
untereinander über ihre Enttäuschungen
sprachen,
versuchten sie,
eine Lösung zu finden.

Einige von ihnen beschlossen,
lieber das Unternehmensklima
zu verändern,
als sich von ihm verändern zu lassen.

»Wir werden auf unsere Vorgesetzten
und andere wichtige Pinguine einwirken«,
schworen sie sich,
»natürlich nicht
allzu auffällig.«

Jeder von ihnen
entwickelte Strategien,
um einiges
im Land der Pinguine zu verändern.

Edward, der Adler,
entwarf eine *»Strategie der Bestärkung«:*

**»Motiviere deinen Chef,
so weiterzumachen, wenn er etwas richtig
(oder fast richtig) macht ...«**

Wann immer auch sein Chef
eine neue Idee
akzeptierte,
bestärkte ihn Edward,
indem er sagte:
»Ich bin sehr froh über
Ihre Aufgeschlossenheit,
etwas Neues
zu versuchen.
Ihre Unterstützung
macht meine Arbeit
interessant und lohnend.«

Helen, die Falkendame,
hatte ihre eigenen Ideen,
wie sich die Dinge verändern ließen.
Sie setzte die *»Strategie des positiven Denkens«* ein:

> **»Handle so,
> wie du dir wünscht,
> daß es sein soll
> (natürlich mit Vorsicht!).«**

Helen ließ ihrem Boss
regelmäßig
Zeitungsausschnitte
und Artikel aus Zeitschriften
zukommen, die sie mit einer
persönlichen Mitteilung versah:

»Da Sie fortwährendes Interesse
an neuen Marketingstrategien zeigen,
dachte ich mir,
daß Sie der beiliegende Artikel
›Leitfaden für florierende Unternehmen‹
interessieren könnte,
den ich der neuesten Ausgabe
des ›Journal des erfolgreichen Managers‹ entnommen habe.«

Mike, die Spottdrossel,
entschloß sich
zu einer sehr gewagten Strategie –
der *»Strategie der vorgetäuschten Unwissenheit«:*

**»Übertrete
die Pinguin-Gesetze –
und wenn du dabei erwischt wirst,
reagiere sehr erstaunt.«**

Jedesmal wenn Mike gefragt wurde,
warum er eine bestimmte Entscheidung
getroffen habe,
setzte er seine Unschuldsmiene auf
und erklärte allen,
wie man auch über eine »Abkürzung« etwas erreichen könne,
was – wie ihm alle zugestehen mußten – effektiver war.

Sara, die Schwänin,
ging an das Thema
viel behutsamer heran
und probierte ihre *»Strategie des sicheren Lernens«* aus:

**»Schlage den Senior-Pinguinen
neue Ideen
nur in solchen Situationen vor,
in denen
es ihnen nicht peinlich ist,
darauf einzugehen.«**

Sara erwähnte beiläufig
ihre Ideen und Anregungen
in ruhigen Gesprächen
und informellen Sitzungen.

Sie »pflanzte Ideen«,
hegte sie behutsam
und überwachte deren Gedeihen.

Einige der anderen Vögel –
fest entschlossen,
sich zu verändern –
strengten sich sehr an,
zu richtigen Pinguinen zu werden.

Sie tippelten im Pinguin-Schritt;
sie sprachen die Pinguin-Sprache.

Sie schniegelten ihr Gefieder
und übten fleißig,
um die gewünschten Resultate zu erbringen.

Doch letzten Endes versagten sie,
da sie ja
ihr wahres Ich
doch nicht verleugnen konnten.

Und ein paar Vögel
taten es Perry gleich
und versuchten es erst gar nicht,
sich in Pinguine umzumodeln.

Perry wußte
tief in seinem Herzen,
daß es wenigstens *ein* Land im
riesigen Ozean der Unternehmen geben müsse,
in dem er
ein Pfau bleiben konnte
und man seine Einzigartigkeit
würdigte.

Den Ratschlägen und dem Druck der Pinguine
leistete er Widerstand,
denn er war sich gewiß,
daß er wegen seiner Leistungen
Anerkennung finden wollte.

Mit der Zeit
verschlimmerte sich die Lage
für Perry und die anderen exotischen Vögel
im Land der Pinguine …

Ihre Versuche,
die Pinguin-Unternehmenspolitik zu ändern,
stießen auf
den Widerstand der Bürokraten.

Ihre Ideen und Bemühungen
wurden verachtet
und abgelehnt.

Ihre Fragen nach dem »Warum?«
wurden mit einem
»Bis jetzt haben wir die Dinge
immer so gemacht« beantwortet.

Die exotischen Vögel
lernten durch schmerzvolle Erfahrung,
daß die Verhaltensmuster
in diesem Land schon sehr festgefahren waren.

Die Strukturen und Systeme
waren starr und unveränderbar.
Taktiken und Abläufe
sicherten die Kontinuität
der Pinguin-Praktiken.

Schließlich wurde klar,
daß es angesichts
so starrer, traditioneller
Strukturen
dumm und aussichtslos war,
als einzelner
auf Überzeugungskraft und Einflußnahme zu setzen.

Die exotischen Vögel mußten einsehen,
daß sich die Verhaltensregeln der Pinguine
über viele Jahre hinweg
entwickelt hatten
und daß sie sich nicht so
leicht oder schnell ändern ließen.

Auch ihre Strategien
zur Selbstveränderung
mußten sie aufgeben,
da sie einfach
keine echten Pinguine waren.

Sie konnten ihr wahres Ich
nicht bezwingen.

In ihrem Innersten waren sie
frustriert,
enttäuscht
und traurig.

Mit welch großen Hoffnungen
und Erwartungen
waren sie doch
ins Land der Pinguine gekommen.

Sie wollten ihren Beitrag leisten
und erfolgreich sein.

Doch statt dessen
ernteten sie Kritik hinter vorgehaltener Hand,
erstickende Konformität
und subtile Verweigerung.

Und so
wurde Perry und den anderen Neuen
nach und nach vor allem
eines klar:

Sie konnten im Land der Pinguine
nicht sie selbst sein.

Sie mußten weiterziehen.

Sie wußten, daß ihre Zukunft
irgendwo anders
im riesigen Ozean der Unternehmen lag.

Ein paar der neuen Vögel
verließen das Land der Pinguine
freiwillig.

Einige
wurden von den Senior-Pinguinen
vor die Tür gesetzt
mit der Begründung:
»Wir fühlen uns nicht wohl in eurer Nähe.
Ihr paßt nicht hierher.
Ihr müßt gehen.«

Ob sie nun von selbst gingen
oder von den Älteren dazu gezwungen wurden –
allen entlassenen Vögeln
war eines gemeinsam:
Sie fühlten, wie schmerzhaft und verwirrend es war,
anders zu sein,
und sie trugen in sich die Traurigkeit
und die Enttäuschung,
nicht so akzeptiert zu werden, wie sie waren.

Diese exotischen Vögel
kämpften alle
mit demselben Dilemma:

Wie sehr
konnten
oder sollten sie
sich verändern, um »dazuzupassen«
und im Land der Pinguine aufgenommen zu werden,
und wie sehr
konnten sie sie selbst bleiben?

Welchen Preis würden sie bezahlen, um erfolgreich
zu sein?

Auch die Pinguine steckten in der Klemme:

Wieviel Unterschiedlichkeit
konnten sie in ihrem Land tolerieren,
ohne ihre behagliche Nestwärme
zu verlieren?

Würden all diese Neuerungen
ihr harmonisches Unternehmensklima
nicht in Gefahr bringen?

Indem sie sich stets an
die althergebrachten Pinguintraditionen
und Geschäftsgepflogenheiten gehalten hatten,
waren die Pinguine nun in der Lage,
immerhin schon seit vielen Jahren
ihre grandiosen Erfolge
so richtig genießen zu können.

Deshalb sträubten sie sich auch dagegen,
ihren äußerst erfolgreichen Arbeitsstil zu ändern.

Und sie waren enttäuscht,
daß mit so vielen ihrer neuen Mitarbeiter
nichts anzufangen war.

Perry, der Pfau,
war der erste, der ging.

Er kannte viele Freunde
aus anderen Ländern,
die ihm von
einem neuen und wundervollen Land berichteten,
das sie auf ihren Reisen besucht hatten.

Sie beschrieben es als
»Land der Möglichkeiten«.

Dort,
erzählten sie ihm,
wisse man seine Arbeit
und seine Mithilfe zu würdigen –
und seine Besonderheit
werde willkommen geheißen,
nicht bekrittelt.

Er könne
farbenprächtig,
auffallend
und enthusiastisch sein,
und die anderen würden ihn
seines einzigartigen Stils wegen schätzen.

Durfte er diesen Erzählungen
wirklich Glauben schenken?

War das das Land,
nach dem er sich gesehnt hatte?

Er mußte losziehen
und es selbst herausfinden.

Als Perry im
Land der Möglichkeiten ankam,
stellte sich heraus,
daß es vollkommen anders war
als das Land der Pinguine …

Hier
verschwendeten Angestellte und Vorgesetzte
weder Zeit noch Energie damit,
so zu tun,
als ob sie jemand anderer wären.

Ihnen war bewußt,
daß sie eine bunte Vielfalt
von Vögeln brauchten,
um im stürmischen und unbarmherzigen
Ozean der Unternehmen
immer obenauf zu schwimmen.

Und sie wußten,
daß das beste Erfolgsrezept
Akzeptanz und Vertrauen
innerhalb eines Unternehmens war.

Akzeptanz und Vertrauen
ermöglichen es jedem Vogel,
sein eigenes Liedchen zu trällern –
und er kann darauf vertrauen,
daß es auch von jenen gehört wird,
die eine andere Melodie pfeifen.

Alle Vögel
konnten frei ihre Meinung äußern,
und durch den lebhaften Austausch
ihrer unterschiedlichen Ansichten
wurde sichergestellt,
daß sich ihre Arbeit
und ihre Arbeitsweisen
ständig verbesserten.

Vor allem aber hatten sie
Vertrauen
in ihre Vorgesetzten,
selbst verschiedenartigste Vögel,
die durch ihre Fähigkeiten
in ihre Positionen aufgestiegen waren.

Das Motto lautete:

Einige Vögel schwammen,
viele flogen,
und manche standen mit beiden Beinen
fest auf dem Boden.

So eröffnete sich ihnen eine ganze Palette
verschiedenster Erfahrungen,
die sie freizügig
miteinander teilten.

Ihr so geteiltes Wissen machte sie weise.
Und ihre Weisheit machte sie erfolgreich.

Perry wußte,
daß er seine neue Heimat gefunden hatte.

Im Laufe der Jahre
kamen nach und nach
auch Edward, der Adler,
Helen, die Falkendame,
Mike, die Spottdrossel,
und Sara, die Schwänin,
ins Land der Möglichkeiten.

Perry hatte ihnen
von der Freiheit
und der Offenheit,
die hier herrschten, erzählt.

In diesem Land konnte sich
Edward endlich so frei und hoch
in die Lüfte erheben,
wie ihn seine Flügel nur tragen konnten.

Die anderen bewunderten
seine Anmut und seine Kraft –
sie betonten,
welche Inspiration sein Flug
den jüngeren Vögeln gab,
die noch in ihren Kinderschuhen steckten,
aber bereits von ihrem eigenen, zukünftigen
Höhenflug träumten.

Und niemand stieß sich auch nur ein einziges Mal
an seinem eigenartigen Akzent.

Helen,
die die Pinguine mit ihrer
Intensität und ihrem scharfen Kämpferinstinkt
aus der Ruhe gebracht hatte,
fand im Land der Möglichkeiten
ihre freundliche Aufnahme.

Ihre Kollegen
schätzten ihr Geschick bei der Jagd
und ihre hohe Treffsicherheit
bei Trendveränderungen
und Spekulationen.

Sie erntete regelmäßig Komplimente für
ihre elegante Schönheit
und ihren unverwechselbaren Stil.

Sie paßte perfekt
in ihre neue Position
im Land der Möglichkeiten.

Mike
schließlich
erlebte die kreative Freude,
von einem Projekt zum anderen zu hüpfen,
hart und schnell zu arbeiten
und neue Ideen aufzuspüren,
wohin er auch kam.

Nun, da er sich nicht mehr
durch die starre Hackordnung
und die Einschränkungen,
die ihm von den Pinguinen auferlegt worden waren,
wie in einem Käfig gefangen fühlen mußte,
schoß seine Produktivität in die Höhe,
und die anderen bewunderten
seine erstaunlichen Fähigkeiten.

Auch Sara
fühlte sich mit ihrem
träumerischen,
reflektierenden und
einfallsreichen
Arbeitsstil
im Land der Möglichkeiten
gut aufgehoben.

Sie konnte ihre Ideen
nun so aufschreiben
und weiterentwickeln,
wie sie es
an einem Arbeitsplatz
niemals für möglich
gehalten hätte.

Die anderen Vögel
kamen in Scharen,
um mit ihr zusammenzuarbeiten
und sich an der
Verwirklichung ihrer Träume
zu beteiligen.

Der Freiraum,
den sie anderen einräumte,
und ihr feines Wesen
wurden von allen geschätzt.

Die exotischen Vögel
gediehen und entfalteten sich
wie nie zuvor.

Sie fühlten sich
bestärkt und akzeptiert,
da sie von den anderen Vögeln im Land
bewundert wurden.

Sie erlebten eine neue Art von Freiheit,
die es jedem einzelnen von ihnen ermöglichte,
seinen persönlichen Flugstil anzuwenden.

Sie arbeiteten hart –
und genossen
die Früchte ihrer Arbeit.

D*och am meisten*
genossen sie es, einfach sie selbst zu sein.

Perry, der Pfau,
schlug sein prächtiges Rad;

Edward, der Adler,
segelte mit Kraft und Anmut durch die Lüfte;

Helen, die Falkendame,
hielt aufmerksam Wache und jagte;

Mike, die Spottdrossel,
folgte ihren kreativen Instinkten
und ihrem Ideenreichtum;

Und Sara, die Schwänin,
ließ sich mit den Strömungen dahintreiben.

Perry und seine Freunde
waren sich darüber einig,
daß ihnen das Leben im
Land der Möglichkeiten gefiel
und daß ihnen die Zukunft
hier viel zu bieten hatte.

Hier
konnten sie alle Erfolg haben –
jeder auf seine Art und Weise –
und Beiträge leisten,
die ihre Kollegen
und Mitarbeiter
freudig annehmen und schätzen würden.

Ihnen wurde klar,
daß das Land der Möglichkeiten
mehr ist als bloß ein Land …

Es ist eine Geisteshaltung.

Das Land der Möglichkeiten ist eine Einstellung:

die Offenheit für neue Ideen,
die Bereitschaft zuzuhören,
die Lust, etwas Neues zu lernen,
der Wunsch zu wachsen
und die Flexibilität, sich zu ändern.

Das Land der Möglichkeiten
ist eine neue Art, miteinander umzugehen.

Es öffnet sich uns,
wenn wir aufhören, uns
nach oberflächlichen Kriterien zu beurteilen,
und anfangen,
jedes Individuum mit seinen einzigartigen
Talenten,
Fähigkeiten
und Werten
zu sehen und anzuerkennen.

Das Land der Möglichkeiten ist der Ort,
in dem wir leben und arbeiten,
wenn wir uns dazu entschließen,
mit neuen Augen zu sehen,
aus unseren Herzen heraus zu leben
und uns und anderen zu erlauben,
so zu sein, wie wir wirklich sind …

W*ir selbst.*

ENDE

Nachwort

… und was ist mit dem Pinguin-Prinzip?

Tagein, tagaus wird es in Unternehmen und Organisationen im ganzen Land weiterhin praktiziert …

Über die Autoren

Barbara »BJ« Hateley war nach ihrem sozialwissenschaftlichen Studium fünf Jahre lang bei der *Los Angeles Times* tätig. 1991 gründete sie eine eigene Consultingfirma. Sie leitet Workshops und Seminare zu Fragen der Personalarbeit und lebt in Los Angeles.

Warren H. Schmidt hat in seinem Leben viele Berufe ausgeübt: Psychologe, Fernsehautor, Universitätsprofessor. Er ist Autor zahlreicher Bücher aus dem Managementbereich, unterrichtet an der Universität, hält Vorträge und leitet Managementseminare. Warren H. Schmidt lebt in Northridge, Kalifornien.

In dieser Reihe sind außerdem erschienen:

Michael Drury
Es zählt allein dein Glück
144 Seiten. ISBN 3-426-60438-8

Elizabeth und Sarah Delany/Amy Hill Hearth
Weisheiten aus hundert Lebensjahren
176 Seiten. ISBN 3-426-60506-6

Kuki Gallmann
Die Farbe des Windes
208 Seiten. ISBN 3-426-60552-X

In dieser Reihe sind außerdem erschienen:

Lois Wyse
Freundinnen fürs Leben
208 Seiten. ISBN 3-426-60556-2

Benoîte und Flora Groult
Liebe und so weiter ...
208 Seiten. ISBN 3-426-60581-3

Peter Thomas Ruggenthaler
Lao Tse – Das Tao der Stärke
192 Seiten. ISBN 3-426-82092-7

In dieser Reihe sind außerdem erschienen:

Susan Trott
Der heilige Mann vom Berge
192 Seiten. ISBN 3-426-82098-6

Colleen Q. O'Shea/Crumbum Q. McIntosh
Schnurrende Tyrannen
oder: Wie ich meinen Menschen um die Pfote wickle
128 Seiten. ISBN 3-426-82100-1

Sunzi
Die Kunst des Krieges
160 Seiten. ISBN 3-426-77272-8